Todo sobre la
ingeniería mecánica

Don Herweck

Créditos de publicación

Rachelle Cracchiolo, M.S.Ed., *Editora comercial*
Emily R. Smith, M.A.Ed., *Vicepresidenta superior de desarrollo de contenido*
Véronique Bos, *Vicepresidenta de desarrollo creativo*
Dona Herweck Rice, *Gerenta general de contenido*
Caroline Gasca, M.S.Ed., *Gerenta general de contenido*

Autores colaboradores en ciencias

Sally Ride Science

Asesores en ciencias

Jane Weir, MPhys

5482 Argosy Avenue
Huntington Beach, CA 92649
www.tcmpub.com
ISBN 979-8-7659-6065-3
© 2024 Teacher Created Materials, Inc.

Tabla de contenido

Un parque mecánico

Imagina que estás en un parque de diversiones. ¿Sientes los sonidos y los olores? ¿Ves los juegos, como las montañas rusas, los trenes y las tazas giratorias? Un parque de diversiones es un parque lleno de **mecánica** y movimiento.

La mecánica es un campo de las ciencias que estudia el movimiento y las causas del movimiento. La **ingeniería** es el uso de las ciencias y las matemáticas para diseñar, construir y poner en marcha estructuras, máquinas y **sistemas**. Los fundamentos de la mecánica y la ingeniería se encuentran en las tres leyes del movimiento de sir Isaac Newton. Newton vivió hace cientos de años. Su trabajo ha sido esencial dentro de muchas ramas de las ciencias durante siglos.

No se podrían construir parques de diversiones sin las leyes de la ingeniería mecánica.

Las leyes de Newton

La primera ley de Newton es sobre la **fuerza**. Tiene dos partes. Primero, un objeto que está en reposo permanecerá en reposo si no hay una fuerza externa que lo haga mover. Segundo, sin la acción de una fuerza externa, un objeto en movimiento seguirá moviéndose en línea recta con la misma rapidez para siempre. Por ejemplo, si patearas una pelota y nada la detuviera, seguiría avanzando sin detenerse nunca.

La segunda ley de Newton explica qué sucede con un objeto cuando una fuerza actúa sobre él. Cuando se aplica una fuerza, el objeto acelera o desacelera. Es decir, va más rápido o más lento. Entonces, si empujas a alguien que está en un columpio, la persona y el columpio se moverán más rápido. Si la persona apoya los pies en el suelo, ambos se moverán más lento.

La tercera ley es sobre la acción y la reacción. Establece que "por cada acción, hay una reacción igual y opuesta". Esto significa que, cuando se aplica una fuerza, luego algo sucede en respuesta para igualar su energía. Por ejemplo, si pateas hacia atrás al nadar, tu cuerpo se mueve hacia delante. Te mueves hacia delante con una energía igual a la de la patada.

Las leyes del movimiento de Newton

Primera ley

Los objetos en reposo permanecen en reposo...

Los objetos en movimiento siguen en movimiento...

... a menos que se les aplique una fuerza externa.

Segunda ley

Mayor fuerza significa **MAYOR** aceleración.

Mayor masa significa **MENOR** aceleración.

Tercera ley

Si un objeto ejerce una fuerza sobre un segundo objeto...

... el segundo objeto ejerce una fuerza de igual intensidad sobre el primero.

Caída libre

Cuando vas a un parque de diversiones, es probable que no pienses en la física de la fuerza y el movimiento. Pero ten la seguridad de que quienes construyeron el parque sí lo hicieron. Los juegos mecánicos de caída libre son un buen ejemplo. Estos juegos usan la fuerza generada por unos motores para llevar a los vehículos y las personas hasta arriba de todo. La cantidad de fuerza necesaria varía según el tamaño y el peso de las personas y los carros. Una vez arriba, la verdadera diversión se basa en la fuerza de **gravedad**. ¡Hora de caer! Todas las personas caen con la misma rapidez. Luego, la caída se va deteniendo suavemente en etapas. Si todos se detuvieran de repente y al mismo tiempo en la base, sufrirían lesiones muy graves. La tercera ley de Newton explica por qué sería así.

Las medidas

La mecánica se basa en unidades de **medida**. Los ingenieros necesitan medir ciertas características, como la longitud, el tiempo y la temperatura. Cada tipo de medida se divide en partes iguales. Esas partes se llaman unidades. Una unidad de longitud puede ser un centímetro o una pulgada. Una unidad de tiempo puede ser un segundo o un minuto. La unidad de temperatura es el grado.

Para diseñar, construir o poner en marcha algo, el ingeniero primero debe hallar las medidas exactas. Por eso los ingenieros deben saber de matemáticas.

La Dra. Waters trabaja con la longitud, el peso, el volumen y otras medidas para diseñar un barco que se mantenga a flote.

Oliver Smoot sabe mucho de medidas.

La unidad "smoot"

En 1958, se les ordenó a los estudiantes universitarios del MIT que midieran la longitud del puente de Harvard en "smoots". Un smoot era la altura de uno de los estudiantes, Oliver Smoot. La longitud del puente fue de 364.4 smoots.

Una medida "real"

¿Sabías que algunas unidades existen desde el año 6000 a. e. c.? En general, estas unidades se basaban en partes del cuerpo. Un buen ejemplo viene del siglo XV. La yarda se basó en la distancia que había entre la nariz del rey Enrique y su pulgar con el brazo estirado. El pie se basó en el tamaño de su zapato.

La Dra. Jennifer Waters

La Dra. Jennifer Waters es arquitecta naval. Ella planifica, diseña, construye y pone en marcha barcos de todo tipo. Para eso, primero debe determinar las medidas exactas del barco que está diseñando. Debe trabajar con la longitud, el peso, el volumen y otras unidades de medida antes de que el barco pueda usarse. Además, debe determinar cuánto peso puede cargar el barco para mantenerse a flote. Y también debe saber el tamaño correcto y el lugar preciso de todo lo necesario para que el barco pueda moverse.

El movimiento

La mecánica y la ingeniería también estudian el movimiento. El movimiento es cómo, dónde y por qué algo se mueve.

En línea recta

El mundo, y todo lo que existe en él, se mueve. Incluso las montañas se mueven a medida que la Tierra gira. El mundo mismo se mueve mientras gira alrededor del Sol. Desde el átomo más pequeño hasta los planetas en el espacio, todo está en movimiento.

El movimiento en línea recta es la forma más simple de movimiento. Si nada se cruza en el camino, el objeto no se detiene, no gira ni avanza más lento. Sigue, sigue y sigue para siempre.

La distancia, la dirección y la rapidez son algunos aspectos que describen el movimiento en línea recta.

Un delfín se mueve en tres dimensiones. Se mueve hacia arriba y hacia abajo, hacia la izquierda y hacia la derecha, y hacia delante y hacia atrás.

En dos y tres dimensiones

Las **dimensiones** son diferentes maneras de medir objetos. Algo de dos dimensiones es plano, como un dibujo en un papel. Se pueden medir su longitud y su altura. A veces, a las dos dimensiones se les llama 2D. Por ejemplo, cuando se dispara una bala de cañón, se mueve en 2D. Se mueve en una línea curva que podrías dibujar en un papel. No se mueve de lado a lado.

Al medir en tres dimensiones, medimos la longitud, la altura y el ancho. Piensa en un bloque de madera y cómo lo medirías. A veces, a las tres dimensiones se les llama 3D. Un helicóptero se mueve en 3D. No se mueve en una línea fija. Va hacia arriba y hacia abajo, pero también se mueve de lado a lado.

Con la mecánica, los científicos pueden averiguar muchas cosas sobre la bala de cañón y el helicóptero. Sirve para hallar la ubicación, la dirección y la rapidez.

Las piezas de este juego tienen tres dimensiones. El tablero muestra dos dimensiones.

La velocidad y la aceleración

El movimiento involucra dos **propiedades** importantes: la **velocidad** y la **aceleración**.

La velocidad es el cambio de posición por una cantidad de tiempo determinada. Tiene rapidez y dirección. Por eso, la velocidad no solo es cuán rápido se mueve algo, sino también la dirección en la que se mueve. Te mueves a cierta velocidad cuando vas en auto en línea recta por la calle. Si doblas en una curva, es posible que la rapidez se mantenga igual. Sin embargo, la velocidad cambia, ya que cambió la dirección.

La aceleración es el cambio en la velocidad de un objeto. Es un cambio en la rapidez o en la dirección. La aceleración es lo que sientes cuando el auto empieza a moverse después de detenerse en un semáforo. La aceleración negativa, también llamada **desaceleración**, es lo que sientes cuando el auto empieza a ir más lento.

Actúan muchas fuerzas sobre un guepardo cuando salta para atacar a una presa. Las patas traseras aplican la fuerza que impulsa al guepardo en el aire, mientras que la velocidad lo empuja hacia delante. La gravedad es la fuerza que lo trae de vuelta al suelo. En el momento exacto en el que el guepardo está en el aire, las dos fuerzas están en equilibrio.

fuerza de salto
y velocidad

Para que un objeto se mueva, debe haber una fuerza. Es decir, debe haber un jalón o un empujón. La fuerza genera aceleración. La cantidad de aceleración depende de la **masa** del objeto. La masa es la medida de cuánta materia tiene un objeto.

Los objetos en movimiento sienten los efectos de más de una fuerza al mismo tiempo. Por ejemplo, una pelota que es lanzada al aire siente la fuerza del brazo que la lanza. Por otro lado, también siente la fuerza de gravedad que la jala hacia la Tierra. La aceleración, la velocidad y la dirección de la pelota cambian debido a las fuerzas que actúan sobre ella.

¿Puedes superar las leyes de la física?

¿Quieres correr más rápido? Usa las leyes de la física. Prueba esto. Flexiona los brazos y las piernas cuando corras. Así se necesita menos fuerza y energía. Inclínate hacia delante y deja que la fuerza de gravedad te jale. Solo recuerda inclinarte desde los tobillos, no desde la cintura. Para aprovechar la inclinación al máximo, apoya el pie debajo o más atrás de tu centro de gravedad. No uses los músculos de la pierna para empujar hacia abajo y hacia atrás en el suelo. Necesitas mucha fuerza para mover tu peso así. Usa los músculos para levantar el pie y luego deja que la gravedad lo baje de nuevo.

fuerza de gravedad

fuerzas equilibradas

La rotación

Otro tipo de movimiento en mecánica es la **rotación**. La rotación ocurre cuando un objeto gira. Un objeto de dos dimensiones rota sobre un punto central. Si haces girar una hoja de papel sobre una superficie, gira sobre un centro de rotación. Un objeto de tres dimensiones rota sobre un **eje**. Piensa en una pelota de baloncesto que gira. Imagina una línea que la atraviesa por la mitad. Ese eje es el centro de rotación.

El dedo muestra dónde está el eje de rotación.

Esta rueda gigante gira sobre un eje.

¿Partido de baloncesto o clase de física?

Un partido de baloncesto sigue muchas leyes de la física. El efecto que le das a la pelota para que gire provoca un cambio de velocidad. Así es más probable que la pelota entre en la canasta. También usas la física para driblar. Tu mano es la fuerza que empuja la pelota hacia el suelo. El suelo reacciona y la envía de nuevo hacia arriba. La goma de la pelota y el aire que tiene dentro ayudan en este proceso. La física incluso ayuda cuando recibes un pase potente. Tus manos y brazos disminuyen la fuerza de la pelota, así puedes atraparla.

Un récord que marea

En patinaje sobre hielo, el récord de la mayor cantidad de giros verticales continuos sobre un solo pie es 115. Lucinda Ruh es quien logró esta increíble hazaña.

El centro de masa

El **centro de masa** es el punto en el que un objeto está en equilibrio. El centro de masa del cuerpo de la mayoría de las personas está justo detrás del ombligo cuando están de pie con la espalda derecha. Sin embargo, cuando se agachan o se encorvan, el centro de masa cambia.

¿Alguna vez has visto a una mujer embarazada con dificultades para caminar? Se debe a que su centro de masa es diferente al habitual. La mujer debe encontrar su equilibrio de otra manera porque tiene un bebé en la panza.

Si colocas un apoyo debajo del centro de masa de un objeto, el objeto se mantiene en reposo y en equilibrio. Por ejemplo, cuando te sientas en una silla, estás en equilibrio sobre tu punto de apoyo, que se vuelve tu centro de masa. Si te sentaras en una tabla apoyando solo la parte de atrás de las rodillas, no estarías en una posición cómoda. La parte de atrás de las rodillas no es tu centro de masa.

Las posiciones de yoga, llamadas asanas, requieren que el cuerpo mantenga el equilibrio sobre el centro de masa.

La física en el *snowboard*

Para girar de forma perfecta cuando haces *snowboard*, solo debes recordar las leyes de la física. Para mantenerte en posición vertical, debes mantener el centro de masa del cuerpo sobre la tabla. Para girar, te inclinas hacia el centro de un círculo imaginario. La inclinación determinará el ángulo de la tabla. Ese ángulo genera un desequilibrio en las fuerzas y determina la dirección del giro. Cuando te inclinas, la fuerza de gravedad jala tu cuerpo hacia abajo por la pendiente.

¡A surfear!

¿Alguna vez viste surfear a alguien y te preguntaste cómo hacía para mantenerse derecho? Bueno, ¡los surfistas son expertos en física! Deben prestar atención al centro de masa de la tabla de surf y de su cuerpo. Además, deben saber cómo cambia el centro de masa con cada movimiento que hacen.

Los ingenieros deben comprender el centro de masa cuando construyen algo. Debe haber un equilibrio. De lo contrario, el objeto jamás podrá hacer lo que debe hacer. No funcionará bien y probablemente se caerá.

Mira la imagen del malabarista. Observa que hay una X en cada objeto que lanza al aire. La X representa el centro de masa de cada clava de malabares. El malabarista debe comprender el centro de masa. Es la única manera de lanzar y atrapar las clavas. Si el malabarista no comprende el centro de masa, no podrá atrapar las clavas o se le caerán.

Lo mismo sucede con los ingenieros. Si no comprenden el centro de masa, es posible que hagan mediciones erróneas. No habrá equilibrio. Y es probable que lo que construyan sea inestable y se derrumbe.

El centro de masa permite que las clavas de malabares y los puentes se mantengan en el aire.

La mecánica de fluidos

Un **fluido** es una sustancia que fluye. Toma la forma del recipiente en el que esté. En física, los líquidos y los gases son fluidos. Se describen según su **densidad** y su **presión**.

La densidad es la medida de la cantidad de materia que hay dentro del lugar que ocupa algo. Imagina una caja de almohadas. Si metes tres almohadas, la caja quizá se llene. Pero puedes aplastar las almohadas para meter más. La caja con tres almohadas tiene una densidad menor.

La presión es la fuerza que ejerce el fluido sobre un objeto que está suspendido en él. Un barco recibe la presión del agua. Un barco sumergido recibe presión en todos sus lados.

La densidad y la presión se afectan mutuamente. Un submarino recibe mayor presión en un fluido de mayor densidad, como agua muy fría. En un tazón con aceite y agua, se forma una capa de aceite encima del agua y ambos quedan separados. Esto se debe a que el agua tiene mayor densidad que el aceite y empuja el aceite hacia arriba mientras la presión del aceite empuja el agua hacia abajo.

Los fluidos suman nuevas condiciones a la mecánica y la ingeniería. Los ingenieros deben comprender la densidad y la presión, y las reglas de medición, movimiento y masa. Este conocimiento es muy importante en el diseño de barcos.

A fines del siglo XVIII y principios del XIX, el ingeniero Robert Fulton trabajó con las propiedades de los fluidos para crear nuevas formas de viajar por el agua. Hoy, ingenieros como la Dra. Waters (página 9) continúan esa labor.

No importa si el objetivo es que la embarcación se mantenga a flote o se sumerja; las leyes de la mecánica que se aplican son las mismas.

¿La primera agua embotellada?

La primera máquina expendedora se inventó en el 215 a. e. c. aproximadamente. Cuando alguien metía una moneda en la ranura, el peso de la moneda jalaba un corcho de una espita. Entonces, la máquina expendía un poco de agua. Esta máquina fue posible gracias a las leyes de la mecánica de fluidos.

La ingeniería en el tiempo

Los científicos han usado la mecánica y la ingeniería desde los inicios de la historia para facilitar la vida de las personas. En las páginas siguientes, conocerás algunos de los inventos más importantes de la mecánica y la ingeniería.

Los inicios de la ingeniería

Hace muchísimo tiempo, se crearon máquinas simples que funcionaban como herramientas y ayudaban a las personas a realizar tareas muy comunes. Y se siguen usando en la actualidad. Cuatro ejemplos de este tipo de máquinas simples son la palanca, el plano inclinado, la rueda y la polea.

Es probable que la primera palanca haya sido, simplemente, un palo largo. Tal vez se usaba para mover objetos pesados, como rocas. Imagina que debes levantar una roca grande. Si colocas una tabla grande (la palanca) debajo de ella, puedes mover la roca empujando la palanca hacia abajo.

tipo de palanca

plano inclinado

Los planos inclinados fueron diseñados para construir caminos y estructuras, como las pirámides de Egipto. El plano inclinado alarga la distancia que recorre un objeto. Levantar una caja pesada para subirla a una furgoneta de mudanza puede ser difícil. Pero, si deslizas la caja por una rampa (el plano inclinado), usas menos fuerza de una sola vez.

La rueda permite mover objetos fácilmente. Es posible trasladar un objeto pesado de un lugar a otro sobre ruedas, en vez de levantarlo y cargarlo.

La polea es un tipo especial de rueda. Es una rueda que tiene una ranura en el contorno. La polea tiene una cuerda que cabe en la ranura. Imagina que atas un extremo de la cuerda a una cubeta llena de rocas. Luego, jalas de la cuerda del otro lado de la polea. La polea te permite jalar hacia abajo en lugar de hacia arriba. A veces, jalar hacia abajo es más fácil que jalar hacia arriba.

polea

El "amigo de los mineros" de Savery

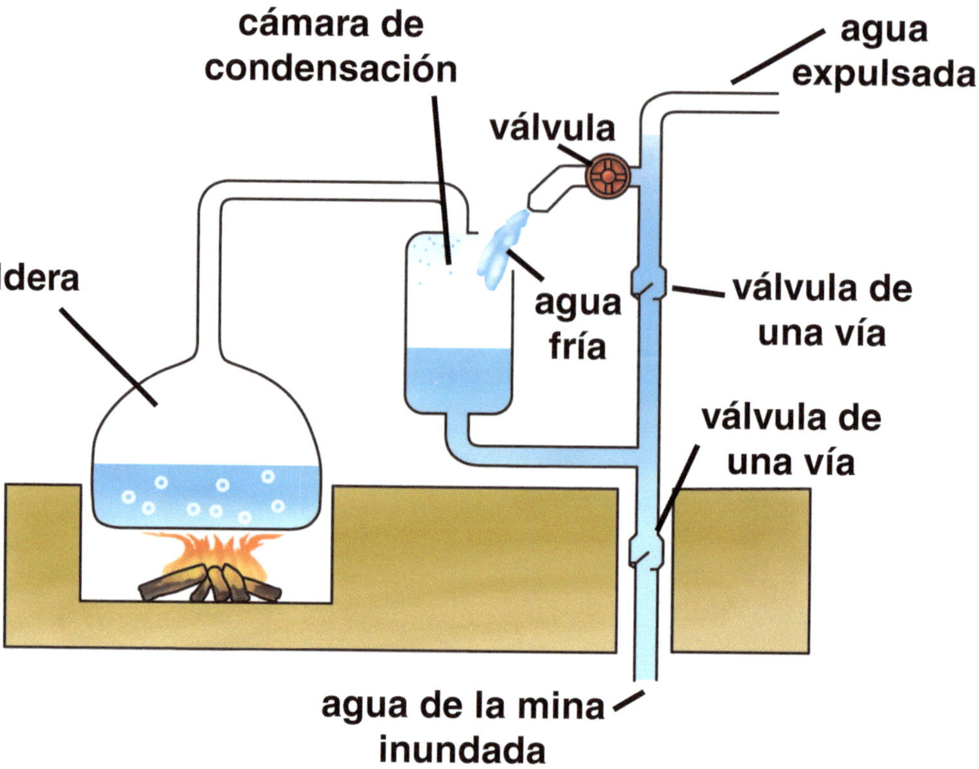

cámara de
condensación

válvula

agua
expulsada

caldera

agua
fría

válvula de
una vía

válvula de
una vía

agua de la mina
inundada

1698

primera máquina de vapor

1885

una de las primeras
motocicletas

1885

uno de los primeros
automóviles

La ingeniería moderna

Muchos inventos modernos fueron posibles gracias a la ingeniería. La primera máquina de vapor se creó en 1698. Se usaba para extraer agua de las minas. Más adelante, otros ingenieros mejoraron el diseño. Como resultado, se inventó la máquina de vapor moderna. Robert Fulton la usó en los barcos. Creó el primer barco de vapor exitoso en 1807.

La primera motocicleta se inventó en 1885. Un ingeniero puso un motor de combustión en un cuadro de bicicleta. Ese mismo año, otro ingeniero puso un motor nuevo en el primer automóvil práctico.

Volar fue posible gracias al trabajo de los hermanos Wright en 1903. Unas décadas después, se realizó el primer vuelo al espacio. La ingeniería espacial moderna existe por el trabajo de muchos ingenieros.

Cuando el agua hierve, el vapor entra en la cámara de condensación. Esta acción empuja el agua hacia arriba y hacia fuera por el tubo de escape. Cuando la cámara de condensación se llena de vapor, se vierte agua fría en ella. Entonces, el vapor se condensa y se convierte en agua líquida, que ocupa menos espacio, y jala agua de la mina que está abajo. Luego, el proceso se repite, y la cámara se llena de más vapor.

1903

los hermanos Wright con una de las primeras avionetas

1981

primer vuelo de un transbordador espacial

2004

primer vuelo privado y tripulado al espacio, SpaceShipOne

La mecánica y la ingeniería del futuro permitirán crear cosas que no podemos imaginar ahora. Muchos de los inventos de la actualidad tendrán grandes mejoras. Los científicos suponen que habrá importantes avances en la robótica, la inteligencia artificial y la miniaturización. La miniaturización es el proceso de construir objetos cada vez más pequeños.

La mecánica y la ingeniería ponen las reglas. Las reglas permiten que los ingenieros usen su creatividad para crear inventos que cambien y mejoren la vida de las personas.

Los dispositivos robóticos nos ayudarán a aprender mucho sobre el espacio.

La física virtual

¿Son los videojuegos pura fantasía? Sus primeras versiones se hicieron sin seguir las leyes de la física. Hoy en día, los juegos de realidad virtual usan *software* de física para crear experiencias que se parezcan todo lo posible a la vida real. Gracias a la potencia de las nuevas consolas de juegos y las nuevas computadoras, los juegos parecen más reales que nunca.

Los programadores les asignan masa a los objetos en los juegos. Por lo tanto, si se arroja un objeto liviano contra un objeto pesado, el impacto será menor que si los objetos pesaran lo mismo. Este *software* especial hace que un vehículo que choca se comporte más como un vehículo de verdad. Incluso en el mundo virtual, se aplican las leyes de la física.

Los ingenieros mecánicos deben saber muy bien cómo funcionan las cosas para poder diseñarlas, construirlas y ponerlas en marcha. Los ingenieros de submarinos deben saber cómo se logra que un barco se sumerja en el agua o flote. Sin esa información, el submarino no servirá de nada.

Haz las actividades de este laboratorio para aprender sobre cómo flotan o se hunden los objetos. ¡Es un paso que te acercará a convertirte en ingeniero mecánico!

Materiales

- una botella de plástico transparente que pueda cerrarse bien, como una botella de agua
- un sobre de condimento que pueda estrujarse, como un sobre de kétchup
- un vaso de vidrio
- agua

Procedimiento

1 Llena un vaso con agua.

2 Coloca el sobre de condimento sin abrir en el agua. El sobre debe apenas flotar. Si se hunde, prueba con otro sobre.

3 Cuando ya tengas un sobre que sirva, llena con agua una botella de plástico transparente.

4 Coloca el sobre de condimento sin abrir en la botella.

5 Cierra bien la botella con la tapa.

6 El sobre de condimento ahora es un "barco". Aprieta la botella para que tu barco se sumerja, o vaya hacia abajo.

7 Para que tu barco suba, simplemente relaja la mano.

¿Qué es lo que sucede?

La botella llena de agua tiene presión en su interior. El sobre de condimento tiene una burbuja de aire dentro. Cuando aprietas la botella, la burbuja de aire que está dentro del sobre de condimento se hace más pequeña. Este proceso es parecido a cuando se agrega agua al tanque de lastre de un barco de buceo o de un submarino. Cuando la presión aumenta, empuja el barco hacia abajo. Cuando la presión disminuye, el barco vuelve a subir.

Glosario

aceleración: la tasa de cambio de la velocidad; cuando algo va más rápido o más lento

centro de masa: el punto en un cuerpo o un sistema en el que su peso está equilibrado de manera uniforme

densidad: la cantidad de materia que hay en un volumen determinado

desaceleración: la disminución de la rapidez; cuando algo va más lento

dimensiones: extensiones que pueden medirse, como la longitud, el ancho y la altura

eje: la línea recta sobre la que rota un objeto

fluido: la materia que tiene la capacidad de fluir o ser vertida

fuerza: un empujón o un jalón

gravedad: la fuerza por la cual la Tierra atrae objetos hacia su centro

ingeniería: la aplicación de las ideas científicas en usos prácticos

masa: la cantidad de materia que tiene un objeto sólido o un volumen de líquido o gas

mecánica: la rama de la ciencia que estudia el movimiento y la acción de las fuerzas sobre los objetos

medida: la determinación de las dimensiones

presión: la cantidad de fuerza que ejerce un fluido

propiedades: las características especiales de algo

rotación: el giro que realiza un objeto sobre su eje; la acción de dar vueltas

sistemas: un grupo de objetos o de unidades que se combinan para formar un entero y moverse o trabajar en conjunto

velocidad: un cambio de posición durante una cantidad de tiempo

Índice

Sally Ride Science

Sally Ride Science™ es una innovadora empresa de desarrollo de contenido que se dedica a incentivar el interés de los jóvenes en las ciencias. Nuestras publicaciones y programas brindan a estudiantes y maestros la oportunidad de explorar el maravilloso mundo de las ciencias, desde la astrobiología hasta la zoología. Trabajamos para hacer que las ciencias cobren vida y para mostrarles a los jóvenes lo creativas, colaborativas, fascinantes y divertidas que pueden ser.

Créditos de imágenes

www.ingramcontent.com/pod-product-compliance
Lightning Source LLC
Chambersburg PA
CBHW041441120626
46547CB00002B/301